Le bibliobus

4 œuvres complètes

CE2
Cycle 3

Comment le chameau acquit sa bosse

de Rudyard Kipling

Le manteau du Père Noël

d'Olivier Ka

Un fabuleux chapeau

de Michèle Cornec-Utudji

Cendrillon

de Charles Perrault

Notes de **Pascal Dupont**
Formateur
IUFM Midi-Pyrénées

HACHETTE
Éducation

ISBN : 2.01.11.6445.1

AVANT-PROPOS

De la littérature, pour quoi faire ?

Les apprentissages fondamentaux : parler, lire, écrire ne sauraient se résumer à des savoir faire décontextualisés et vides de sens. Ouvrir aux enfants la porte de la littérature, c'est les introduire dans des univers imaginaires, leur permettre de répondre à des questions existentielles à travers des œuvres de fiction, susciter leur curiosité et leur appétit d'apprendre.
À partir de ces références littéraires, les enfants se constitueront une première culture qui entrera en résonance avec les expériences et les lectures à venir.

Quelles œuvres choisir ?

Le bibliobus Hachette propose aux jeunes lecteurs des œuvres intégrales classiques et contemporaines propres à nourrir leur réflexion, à faire naître des interrogations, et qui sont adaptées à leur connaissance de la langue et à leur compréhension.
Elles sont sélectionnées parmi la bibliographie de 180 titres établie par le ministère de l'Éducation nationale et le fonds de romans des éditions Grasset Jeunesse.

Devenir lecteur

On le sait depuis longtemps : il ne suffit pas d'avoir appris à lire pour devenir lecteur. Le goût et le plaisir de lire ne peuvent se développer qu'à partir de rencontres fréquentes avec les textes.
Il convient donc, avant tout, de lire beaucoup.

Les adultes accompagneront les enfants sur le chemin de la lecture en lisant eux-mêmes des textes à haute voix et à travers des débats qui peuvent être très libres. Ils donneront ainsi aux enfants l'occasion de partager des émotions, d'éprouver leur liberté d'interprétation tout en les guidant dans leur compréhension. Ainsi, ils les aideront peu à peu à tisser des réseaux de significations entre différentes œuvres.

La littérature à l'école

L'école vient de se fixer deux objectifs majeurs pour le cycle 3 dans ses nouveaux programmes [1].
L'un qualitatif : « Le programme de littérature du cycle 3 vise à donner à chaque élève un répertoire de références appropriées à son âge. Il permet ainsi que se constitue une culture commune susceptible d'être partagée, y compris entre générations ».
L'autre quantitatif : « Chaque année, deux classiques doivent être lus et au moins huit ouvrages appartenant à la littérature de jeunesse contemporaine ».

Il appartient aux éducateurs : enseignants, parents, médiateurs du livre, de relayer cette ambition.

Pascal Dupont
Formateur à l'IUFM Midi-Pyrénées

[1] *Qu'apprend-on à l'école élémentaire* ?, « Les nouveaux programmes », CNDP / XO éditions, 2002.

Rudyard Kipling

Comment le chameau acquit sa bosse

Traduit de l'anglais par Jean Esch et André Divault

Illustré par Marianne Maury-Kaufmann

Et voici l'histoire suivante qui raconte comment le Chameau acquit sa bosse.
Au commencement des temps, quand le monde était tout neuf et tout et tout, et que les Animaux commençaient juste à travailler pour l'Homme, il y avait un Chameau qui vivait au milieu d'un Désert Hurlant car il ne voulait pas travailler ; d'ailleurs c'était un Hurleur lui-même.

acquérir : avoir, obtenir

Alors il se nourrissait de bouts de bois, de tamaris, de plantes grasses et de piquants d'épine, avec une douloureuse paresse ; et lorsqu'on lui adressait la parole, il répondait : « Bof ! » Simplement « Bof ! » et rien d'autre. Alors, le Cheval vint le trouver le lundi matin avec une selle sur le dos et un mors dans la bouche, et il lui dit : « Chameau, ô Chameau, viens donc trotter comme nous tous ! — Bof ! » dit le Chameau. Et le Cheval s'en fut le répéter à l'Homme. Alors le Chien vint le trouver avec un bâton dans la gueule et il lui dit :

un tamaris : arbuste dont les feuilles extrêmement petites ressemblent aux aiguilles des conifères

bof : mot qui exprime l'indifférence

un mors : pièce en métal que l'on place dans la bouche d'un cheval pour le diriger

« Chameau, ô Chameau, viens donc chercher et rapporter comme nous tous.
— Bof ! » dit le Chameau.
Et le Chien s'en fut le répéter à l'Homme.
Alors le Bœuf vint le trouver avec un joug sur la nuque et il lui dit :
« Chameau, ô Chameau, viens donc labourer comme nous tous.
— Bof ! » dit le Chameau.

un joug :
pièce de bois que l'on place sur l'encolure d'un bœuf pour l'atteler à une charrue

navré : désolé

indaba, punchay, pow-wow : ces trois mots veulent dire tenir conseil. Le premier est utilisé en Afrique, le deuxième en Inde, le troisième par les Indiens d'Amérique du Nord

Djinn : génie doté de pouvoirs magiques que l'on rencontre souvent dans les contes arabes

palabrer : discuter très longtemps

Et le Bœuf s'en fut le répéter à l'Homme.
À la fin de la journée, l'Homme convoqua le Cheval, le Chien et le Bœuf, et il leur dit :
« Vous trois, ô Vous Trois, je suis navré pour vous (avec ce monde tout neuf et tout et tout), mais cette chose qui dit "Bof" est incapable de travailler, sinon elle serait déjà là. Je vais donc la laisser en paix et vous devrez travailler deux fois plus pour la remplacer. »
Cela mit les Trois très en colère (avec ce monde tout neuf et tout et tout) et aussitôt ils tinrent conseil, un indaba, un punchay et un pow-wow, à la limite du Désert. Le Chameau arriva en mâchant ses plantes grasses avec une paresse encore plus douloureuse et il se moqua d'eux, puis il dit « Bof ! » et repartit.
C'est alors qu'arriva le Djinn responsable de Tous les Déserts, enroulé dans un nuage de poussière (les Djinns voyagent toujours de cette manière car c'est Magique), et il s'arrêta pour palabrer et tenir un pow-wow avec les Trois.

qui n'a rien fichu : qui n'a rien fait (langage familier)

bosser : travailler (langage familier)

« Djinn de Tous les Déserts, dit le Cheval. Quelqu'un a-t-il le droit d'être paresseux dans ce monde tout neuf et tout et tout ?
— Certainement pas, répondit le Djinn.
— Eh bien, dit le Cheval, il y a Quelqu'un au milieu de ton Désert Hurlant (c'est un Hurleur lui-même), avec un long cou et de longues pattes, qui n'a absolument rien fichu depuis lundi matin. Il refuse de trotter.
— Hou ! dit le Djinn en sifflant. C'est mon Chameau, par tout l'or de l'Arabie ! Et que dit-il ?
— Il dit "Bof", dit le Chien et il refuse d'aller chercher et de rapporter.
— Ne dit-il rien d'autre ?
— Seulement "Bof !" et il refuse de labourer, dit le Bœuf.
— Très bien, dit le Djinn, je vais le faire bosser, si vous voulez bien attendre une minute. »
Sur ce, le Djinn s'enroula dans son manteau de poussière, s'orienta dans le désert et trouva le Chameau, toujours aussi douloureusement paresseux, qui

admirait son reflet dans une flaque d'eau.
« Mon long et bouillonnant ami, dit le Djinn, il paraît que tu ne veux pas bosser, dans ce monde tout neuf et tout et tout ?
— Bof ! » dit le Chameau.

bouillonnant : agité (Ici le Djinn se moque du chameau qui est paresseux.)

Le Djinn s'assit, le menton dans la main, et se mit à réfléchir à une Grande Magie tandis que le Chameau continuait à s'admirer dans la flaque d'eau.

admirer : prendre plaisir à regarder

supplémentaire : en plus

« Tu donnes du travail supplémentaire aux Trois depuis lundi matin à cause de ta douloureuse paresse », dit le Djinn.
Et il continua à réfléchir à des Magies, le menton dans la main.
« Bof ! dit le Chameau.
— Je ne répéterais pas ça si j'étais toi, dit le Djinn. Tu pourrais le dire une fois de trop. Je veux que tu bosses !

— Bof ! » dit encore une fois le Chameau. Mais à peine eut-il prononcé ce mot qu'il vit son dos, dont il était si fier, s'enfler, s'enfler, jusqu'à devenir une grosse bosse ballottante.
« Tu as vu ça ? dit le Djinn. Voilà ce que tu t'es mis sur le dos en refusant de bosser. Nous sommes aujourd'hui jeudi et tu n'as rien fait depuis que le travail a commencé lundi. Maintenant tu vas bosser.
— Comment le pourrais-je ? dit le Chameau. Avec cette chose sur le dos.

ballottante : qui va d'un côté et puis de l'autre

— C'est exprès, dit le Djinn, pour te punir d'avoir manqué ces trois jours. Désormais, tu pourras bosser trois jours sans manger en vivant sur ta bosse. Et ne dis pas que je n'ai jamais rien fait pour toi. Sors du Désert et va rejoindre les Trois ; et apprends à te conduire ! Allez, hop ! »

Et, hop ! le Chameau s'en fut rejoindre les Trois et depuis ce jour le Chameau bosse (nous disons maintenant qu'il « travaille » pour ne pas le vexer), mais il n'a jamais rattrapé les trois jours de travail qu'il avait manqués au commencement du monde, et il n'a jamais appris à se conduire.

vexer : peiner

Olivier Ka

Le manteau du Père Noël

Illustré par
Annie-Claude Martin

Chapitre 1

« On ne fêtera pas Noël cette année, mon trésor. »
C'est la troisième fois cette semaine que Maman dit cela. Martin ne comprend pas vraiment la raison pour laquelle on le priverait de Noël. Il n'a pas été moins sage que les autres années, il n'a pas été plus mauvais à l'école, il ne s'est bagarré qu'à deux ou trois reprises, pas plus.
Alors pourquoi le Père Noël le punirait-il ?
Maman est en train d'essuyer la vaisselle. Martin, le nez penché au-dessus de son bol de céréales, espère qu'elle va en dire plus. Au bout d'une longue minute de silence, il demande : « Qu'est-ce que j'ai fait ? »

avoir le visage fermé : ne pas avoir envie de communiquer

Maman se retourne, une assiette entre les mains. Elle a le visage fermé. De profondes rides donnent à son front l'aspect d'un morceau de tissu chiffonné. Elle n'avait pas l'air aussi inquiète, avant.

« Rien, mon chéri, rien. Ce n'est pas de ta faute. C'est que... comment dire... il arrive, parfois, que le Père Noël ne puisse pas passer dans une famille... C'est pas très grave, tu sais, et ça n'est pas du tout pour te punir...

— Pourquoi il nous oublierait ? »

Maman soupire. On la dirait très fatiguée.

« Pour une raison que les enfants ne peuvent pas comprendre. Allez, finis ton bol et va à l'école. »

pivoter : se retourner

Elle pivote et plonge les mains dans l'évier. Martin a bien cru que ce matin, il aurait enfin droit à des explications. Mais au lieu de cela, Maman a réglé le problème comme à chaque fois, en le laissant hors du coup. Le garçon achève son petit déjeuner en silence.

laisser hors du coup : laisser en dehors

Rien ne va plus depuis quelque temps. Quand Papa rentre du travail, il passe à côté de Martin et ne lui adresse même pas la parole, on dirait qu'il ne le voit pas. Maman est tout le temps tracassée, elle ne rit plus jamais. Plusieurs fois, Martin a entendu ses parents se disputer, et tout ça le trouble beaucoup. On dirait que ses parents lui en veulent de quelque chose, mais quoi ? Et si ce n'est pas la bonne raison, alors pourquoi lui font-ils payer leurs problèmes en ne fêtant pas Noël ?
Ce matin-là, au lieu de s'engager dans la petite rue qui mène à son école, Martin emprunte un chemin de terre et s'enfonce dans la campagne. Il a décidé de manquer la classe.

être tracassé : avoir des soucis

troubler : inquiéter

emprunter un chemin : prendre un chemin

Il est certain que le Père Noël ne l'a pas oublié, mais qu'en réalité on veut le punir. Pour quelle raison ?

Le temps est particulièrement beau pour la saison : Noël c'est dans quelques jours, et d'habitude, à cette époque, il fait très froid. Allongé au bord de l'Étang aux légendes – un point d'eau isolé où flottent des nénuphars –, Martin regarde le ciel. Il voudrait être un nuage.

Ou un oiseau. Comme ça il pourrait monter très haut et balancer des fientes sur tous ceux qu'il n'aime pas.

Cette idée le fait rigoler.

Soudain, son rire reste coincé dans sa gorge : Martin vient d'apercevoir quelque chose dans le ciel, un truc énorme qui ne ressemble à rien. Il se redresse, s'essuie les yeux et fixe intensément l'ombre qui plane au-dessus de lui.

fiente : excrément des oiseaux

coincé : bloqué

intensément : avec beaucoup d'attention

C'est bien trop gros pour être un oiseau, et ça n'est sûrement pas un avion, Martin n'entend aucun bruit de moteur.

une diligence : une voiture tirée par des chevaux

On dirait une diligence de western, tirée par une demi-douzaine de chevaux !

« Je suis en train de rêver, ma parole ! » se dit Martin en se mettant debout.

mettre sa main en visière : protéger ses yeux avec la main

Une main en visière sur le front, il essaye de distinguer l'objet malgré le soleil qui l'éblouit.

La chose tournoie dans le ciel en se rapprochant du sol. Martin en a le souffle coupé : c'est bien une carriole qui se dirige vers lui, tirée par de grands animaux !

une carriole : une petite charrette

« C'est pas po... possible ! bredouille-t-il. »

Le véhicule pique du nez et fonce en direction de l'étang. Martin voit parfaitement de quoi il s'agit, à présent : six rennes attelés à un carrosse dépourvu de toit, dans lequel est installé un homme portant une imposante barbe blanche.

Le Père Noël en personne.

Les rennes galopent dans le vide, leur museau pointé vers le bas. Mais... ils vont s'écraser sur le sol !

pitoyable :
qui fait pitié

les chutes du Niagara :
chutes d'eau, hautes de plus de 50 mètres, situées à la frontière des États-Unis et du Canada

Martin ouvre la bouche, et un pitoyable petit cri aigu lui sort de la gorge. Les rennes atteignent l'étang, dont la surface explose dans un bruit de chutes du Niagara. Une colonne d'eau monte à plusieurs mètres dans les airs, pour redescendre en cascade, éclaboussant tout autour de la mare, sur un large périmètre. Martin, qui n'a pas encore refermé la bouche, est trempé des cheveux aux orteils.
Le Père Noël a disparu sous l'eau.

Quelques bulles forment encore des remous, et puis l'étang redevient calme et lisse, comme s'il ne s'était rien passé.

« C'est un rêve, se dit Martin. Je me suis endormi près de l'étang, et je suis en train de rêver, tout simplement. »

Il s'apprête à se donner une gifle dans l'espoir de se réveiller, quand il remarque une chose flottant sur l'eau. On dirait une couverture. Elle n'y était pas auparavant, il en est sûr. À l'aide d'un bâton, Martin la tire jusqu'à la rive. C'est une redingote rouge liserée de fourrure blanche.

Le manteau du Père Noël.

un remous : un tourbillon

une redingote : un long manteau

liséré : bordé

Chapitre 2

C'est presque en courant que Martin reprend le chemin de terre. Le manteau rouge roulé en boule sous son bras dégouline, d'ailleurs tous ses vêtements dégoulinent. À l'idée de raconter ce dont il vient d'être témoin, le jeune garçon est tout excité.

dégouliner : couler goutte à goutte

Pourtant, il s'arrête à mi-parcours.

Ce qui s'est passé est tout de même complètement dingue. Est-ce qu'on le croira ?

dingue : extraordinaire, incroyable

Franchement, il en doute. S'il rentre à la maison maintenant – en pleine matinée

être trempé jusqu'aux os : être mouillé de la tête aux pieds

gober : croire (langage familier)

alors qu'il est censé se trouver à l'école – et trempé jusqu'aux os, sa mère risque de très mal le prendre. Sûr qu'elle ne gobera pas l'histoire du Père Noël tombant du ciel pour s'enfoncer dans l'étang. Martin serre le manteau contre lui comme pour se persuader de son existence. Il n'a pas rêvé, il a bien vu l'attelage disparaître sous l'eau, et il a bien récupéré le pardessus du Père Noël. Mais il est certain que Maman prendra cela pour un gros mensonge.

crédible : vraisemblable

Quoi qu'il en soit, il doit rentrer pour se changer. Si Maman le voit, il dira qu'il s'est fait attraper par une bande de grands qui l'ont balancé dans la mare. Ce sera beaucoup plus crédible que l'histoire du Père Noël, même si ce n'est pas la vérité.

Chapitre 3

Arrivé devant la maison, Martin remarque un véhicule qu'il ne connaît pas garé sur le trottoir. Il se demande à qui il peut appartenir et décide de rentrer par le garage : il a plus de chances de passer inaperçu.

Traversant la cuisine à petits pas spongieux, il entend des voix en provenance du salon.

des pas spongieux : qui font le bruit d'une éponge

Maman est en train de discuter avec un monsieur. Discrètement, Martin jette un œil dans la pièce voisine. L'homme est habillé d'un costume gris et il n'a pas de cheveux sur le sommet du crâne. Maman est derrière lui, les bras croisés.

Que peuvent-ils bien faire ? Martin est sûr de n'avoir jamais vu ce type-là.

« Je peux monter ? demande le monsieur.

— Oui », répond Maman d'une petite voix avant de tourner les talons.

tourner les talons : se retourner

Une sirène d'alarme se met à hurler dans la tête de Martin. S'il reste là, l'homme et sa mère vont le découvrir : ils sont obligés de passer par la cuisine pour gagner l'étage. D'un bond, Martin se précipite dans la cage d'escalier et grimpe les marches deux à deux. Puis il déboule dans sa chambre, pousse la porte derrière lui et colle son oreille contre le battant en retenant son souffle.

débouler : arriver à toute vitesse

Il reconnaît le pas de Maman dans l'escalier. L'homme la suit.

Ça doit être un réparateur de télé, un truc comme ça. Sauf que la télé est en bas.

Un plombier ?

Non, pas avec un pareil costume.

Alors quoi ?

percevoir : entendre

Martin perçoit les pas des adultes qui passent devant sa porte. Ils ne disent plus rien et se dirigent vers la chambre des parents.

Martin est soudain secoué par un violent frisson. Il a terriblement froid, avec ses habits mouillés qui lui collent à la peau.

en prenant garde : en faisant attention

En prenant garde de ne faire aucun bruit qui pourrait trahir sa présence, il se déshabille entièrement et s'essuie avec un vieux tee-shirt qui traînait par terre. Il se frotte vigoureusement, jusqu'à ce que sa peau rougisse, puis ouvre l'armoire dans laquelle se trouvent ses vêtements.

C'est à ce moment précis, alors que Martin est tout nu devant ses piles de linge, que quelqu'un ouvre la porte de sa chambre.

un intrus : une personne indésirable

Immédiatement, il ramasse le premier truc qui lui tombe sous la main et qui pourra dissimuler sa nudité : le manteau du Père Noël. Avant que l'intrus pénètre dans la pièce, Martin s'est allongé par terre, le vêtement sur le dos.

Qui est entré dans la chambre ?

Maman, sans aucun doute.
Que veut-elle ?
Pourquoi n'est-elle pas restée avec le type ?
Et qui c'est, d'abord, ce bonhomme ?
« La chambre de mon fils », dit Maman.
Elle est avec l'inconnu ! Martin a très chaud, tout à coup. Il se passe quelque chose d'inhabituel. Qu'est-ce qu'ils viennent faire dans sa chambre ? !
Maman fait-elle visiter toutes les pièces à cet homme ? Pour quelle raison ? Martin ressent une violente colère mais, en même temps, il a peur. Peur qu'on ne le découvre, tout nu sous le manteau, bêtement étalé par terre comme s'il apprenait à nager sur le parquet. Il en mourrait de honte.
Il donnerait n'importe quoi pour disparaître d'ici.
« Un bureau en pin, dit l'homme avec la même intonation que Papa quand il parcourt la liste des courses avant d'aller au supermarché. Une armoire normande. Un lit métallique. »
Et si c'était un cambrioleur ?

l'intonation : le ton de la voix

un comparse : un complice

Il a peut-être obligé Maman, sous la menace d'un revolver, à lui montrer tous les objets précieux de la maison. Après, il va l'enlever et des comparses à lui vont se charger de récupérer tout ce qu'il a relevé d'intéressant.
Il ne faut pas qu'il découvre sa cachette !
Il ne faut pas qu'il...
Les pas s'approchent. Martin retient son souffle, aussi immobile qu'une statue. Les adultes s'arrêtent juste en face de lui, il sent leur présence toute proche, à quelques centimètres. Ça fait comme de l'électricité sur sa peau.
« Je peux voir ce qu'il y a là-dessous ? demande le type.
— Ça doit être du linge sale appartenant à mon fils...
— Soulevez le tissu, s'il vous plaît. »
Martin sent le manteau s'envoler.
Voilà, c'est foutu, ils l'ont découvert, allongé et dévêtu comme le dernier des minables.
« Et ça, qu'est-ce que c'est ? fait l'homme sur un ton de reproche.

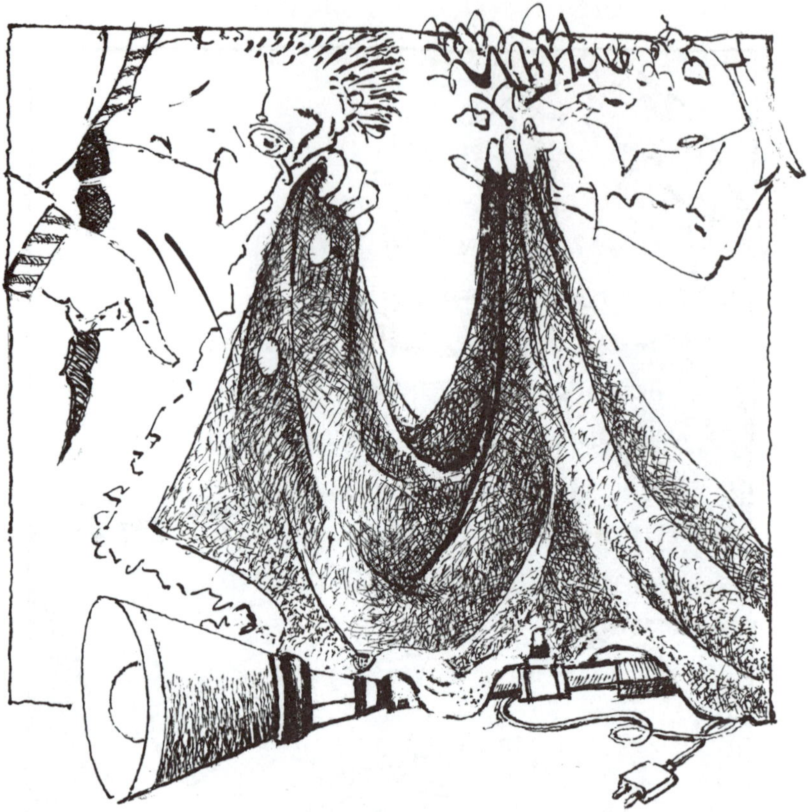

— Je... je ne sais pas... je ne comprends pas... bégaye Maman.

— On essaye de cacher des objets de valeur, n'est-ce pas ?

— Non, je vous jure que non...

— Je consigne : un lampadaire 1930, en cuivre et pâte de verre. »

de valeur : d'un grand prix

consigner : noter

Martin est si étonné de la réaction des adultes qu'il sent le rire lui chatouiller la gorge.
Qu'est-ce qu'ils racontent ? Quel lampadaire 1930 ?
L'enfant essaye de lever les paupières mais n'y parvient pas, comme si elles étaient soudées. Impossible également d'esquisser le moindre geste : son corps est aussi raide que si on l'avait coulé dans du béton.
« J'en ai fini, madame. Si vous voulez bien me raccompagner... » dit l'homme.

esquisser : commencer à faire quelque chose

Martin ne le voit pas – il ne voit rien – mais comprend au son de ses pas que l'inconnu retraverse la chambre dans l'autre sens. Maman jette le manteau du Père Noël sur Martin et sort de la pièce en refermant la porte derrière elle.
Le garçon tente à nouveau de faire un mouvement, et y arrive sans la moindre difficulté. Il se lève, s'extrait du vêtement et se remet debout.
Que s'est-il passé, au juste ?

s'extraire : sortir avec difficulté

Maman et l'homme qui l'accompagnait ont soulevé le manteau, mais au lieu de le voir, ils sont tombés sur un lampadaire. Maman avait l'air très étonnée de la présence de l'objet.
Durant tout le temps où il était à découvert, Martin n'arrivait pas à ouvrir les yeux ni à bouger ne serait-ce que le petit doigt.
Un lampadaire aussi, c'est aveugle et complètement immobile.
Martin serait-il devenu un lampadaire ?

instinctivement : machinalement

Instinctivement, il tourne la tête vers son miroir ovale fixé contre le mur du fond. Le reflet lui renvoie son image habituelle, celle d'un petit garçon de sept ans.

Chapitre 4

« Quelqu'un est venu à la maison, ce matin ? » demande Martin d'une voix innocente.

Maman a l'air troublée. Elle pose une casserole pleine de pâtes fumantes sur la table et se dirige vers le frigo.

« Non, personne, répond-elle. Pourquoi tu me demandes ça ?

— Oh, pour rien... »

Maman s'assied à côté de Martin et remplit leur assiette de coquillettes. L'enfant y déverse une rasade de ketchup ainsi qu'une grosse poignée de fromage râpé.

une rasade : une grande quantité

Tout à l'heure, après le départ du monsieur, Martin est resté dans sa chambre à réfléchir jusqu'à s'en donner mal à la tête, mais n'a trouvé aucune explication logique à ce qui s'est passé. Un peu après midi, à l'heure habituelle où il rentre déjeuner, le garçon est descendu en douce. Maman était dans le salon, pensive.

logique : vraisemblable

en douce : en cachette

Quand Martin est arrivé, elle a sursauté et a regardé partout autour d'elle, comme si elle venait de se réveiller.
Une fois son repas avalé, Martin monte dans sa chambre. Il enfourne le manteau du Père Noël dans son cartable et quitte la maison au pas de course.

enfourner : mettre sans grande précaution

« Tu vas déjà à l'école ? s'écrie Maman.
— Oui, je veux profiter un peu de la récré ! » répond Martin avant de disparaître à l'angle de la rue.
Quelques mètres plus loin, Zamir, une petite chienne frétillante pas plus haute qu'un chat, vient à sa rencontre, comme tous les jours. Martin a toujours un biscuit ou un sucre à lui offrir, c'est pour ça qu'elle est si contente quand elle le voit. Le garçon fouille dans la poche de son blouson et déniche une demi-gaufrette qui doit traîner là depuis mille ans. Il s'accroupit et tend la friandise à la chienne. Zamir la prend délicatement dans sa gueule et l'avale sans la mâcher.

dénicher : trouver

« Attends, j'ai quelque chose d'autre pour toi », dit Martin en ouvrant son cartable.

La chienne patiente en remuant la queue. Le garçon déplie le manteau du Père Noël et le jette sur l'animal.
« Désolé, mais il faut que je vérifie quelque chose », s'excuse-t-il.
Puis il attrape l'habit et le soulève doucement, comme s'il avait peur de ce qu'il allait trouver dessous.
À la place de la chienne, Martin découvre un super camion de pompiers tout neuf, de la même taille que Zamir.
« Wouah, la vache ! s'exclame-t-il. Le manteau du Père Noël est magique ! Il transforme en objets ceux qui se cachent dessous ! »
Et pas en n'importe quel objet : Martin rêvait depuis très longtemps d'un camion comme celui-là. Sûr que Maman avait une grande envie d'un lampadaire 1930 en cuivre et pâte de verre. Martin s'était changé en ce qu'elle désirait le plus, et ensuite, quand elle l'avait à nouveau recouvert avec l'étoffe, il était redevenu normal.
Martin étale le vêtement sur le jouet.

la vache !: exclamation qui marque l'étonnement (langage familier)

détaler : s'enfuir rapidement

Aussitôt, la forme se met à bouger et à aboyer. Quand l'enfant libère Zamir, la chienne détale droit devant elle, la queue entre les jambes et les oreilles baissées.

Martin se met à rire en pensant à tout ce qu'il va pouvoir faire avec ce manteau. D'autant que nous sommes vendredi et que c'est ce soir que commencent les vacances de Noël : il aura tout son temps pour en profiter.

L'après-midi se passe péniblement : Martin ne pense qu'au manteau et ne fait pas du tout attention à ce que dit l'instituteur. Il désire très fort partager sa découverte avec quelqu'un, mais en même temps, il a peur des réactions. S'il sort le vêtement de son cartable et qu'il montre son pouvoir aux autres, tout le monde va vouloir essayer, et tous les enfants de l'école vont rapidement se retrouver changés en objets. À coup sûr on lui confisquera le manteau.

L'idée lui vient durant la récréation : pour fêter le début des vacances, il va inviter tous ses copains à un spectacle de magie, demain à l'heure du goûter. Comme ça, ils prendront Martin pour un grand illusionniste, et sous prétexte de ne pas dévoiler son trucage, il ne prêtera pas le vêtement.

péniblement : difficilement

un illusionniste : un magicien

dévoiler : révéler

Chapitre 5

Le public est si nombreux que Martin n'a pas prévu assez de chaises pour tout le monde. Papa et Maman sont là, ainsi que la moitié des enfants de sa classe. Martin a travaillé toute la soirée d'hier jusque tard et depuis ce matin très tôt pour organiser le spectacle. Ça n'a pas été simple. Il a d'abord fallu l'accord des parents. Au début, Papa et Maman ne voulaient rien savoir : personne à la maison samedi à cause d'un rendez-vous de la plus haute importance. Martin a insisté en disant que s'il devait se passer de fêter Noël, au moins pouvait-on lui

insister : continuer à demander

permettre d'offrir une distraction à tous ceux qu'il aime.

Papa et Maman ont finalement accepté, à condition de ne rien déranger et que tout le monde s'en aille dès que le rendez-vous important serait là.

Ensuite, il a fallu fabriquer une scène avec des parpaings et des planches, et puis installer un rideau. Martin a dû également se trouver un costume de magicien : une vieille jupe noire de sa mère en guise de cape et un chapeau haut de forme taillé dans du carton. Enfin, à la dernière minute, il a écrit un discours qu'il s'apprête maintenant à lire devant tout le monde :

« Mesdames et messieurs ! fait-il, debout sur la scène, son texte dans une main. C'est bientôt Noël et on est tous très contents. Pas vrai ? »

Le public lui répond d'une seule et puissante voix : « Ouaiiiis ! » Martin se racle la gorge et poursuit :

« Certains vont avoir de gros cadeaux, d'autres de petits cadeaux, et il y en a qui

un parpaing : un bloc rectangulaire de ciment

en guise de : à la place de

se racler la gorge : produire un son rauque pour s'éclaircir la voix

n'auront pas de cadeaux du tout. Pour ceux-là c'est pas grave, car avec un peu de magie, on se débrouille très bien ! »

de façon théâtrale : en exagérant ses gestes et les intonations de sa voix

à tout rompre : avec enthousiasme

Papa et Maman échangent un regard. Le message est apparemment bien passé. Martin lève les bras au ciel et s'exclame de façon théâtrale :
« J'ai besoin de deux grandes personnes pour réaliser le tour de magie le plus incroyable du monde ! »
Tous les enfants se retournent vers les parents de Martin en applaudissant à tout rompre. Ceux-ci, tout sourire, traversent l'assemblée pour monter sur scène.
« Un peu de silence, s'il vous plaît, j'ai besoin d'un maximum de concentration ! dit Martin d'une voix grave. Papa et Maman, je vous demande de vous accroupir. »
Les adultes s'exécutent et Martin empoigne le grand manteau rouge.
« Abracadada taratata coincoin » ! fait-il en jetant l'habit sur ses parents.
Le vêtement est si grand qu'il les recouvre tous les deux. Martin laisse s'écouler quelques secondes en priant intérieurement pour que tout marche bien, puis il tire le manteau vers lui.

À la place de Papa, il y a le plus gros ordinateur que Martin ait jamais vu, avec un écran géant et un superbe clavier aux formes futuristes.

futuriste : qui évoque les temps futurs

Quant à Maman, elle a été transformée en un énorme bocal rempli de milliers de montres différentes, à quartz, fantaisie, anciennes ou modernes.

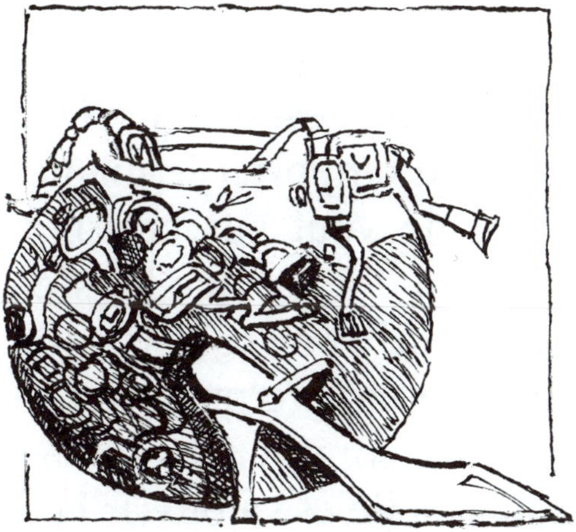

« Wouaaaah ! » s'extasie le public ébahi.

s'extasier : s'émerveiller

ébahi : stupéfait

Martin se retient de pousser un hurlement de joie : son plus grand souhait est de posséder un ordinateur, et il a très envie d'avoir une montre depuis longtemps. Mais il sait qu'il ne pourra pas profiter de tout cela : ce sont quand même ses parents qui ont été métamorphosés. S'il veut garder ces magnifiques objets, il devra se passer de Papa et Maman... chose qui lui paraît totalement impossible.

être métamorphosé : être transformé

Alors qu'il s'apprête à réclamer le silence afin de poursuivre son spectacle (et de redonner une forme humaine à ses parents), la sonnette de la porte d'entrée retentit. Martin descend de la scène en prenant soin d'emporter le manteau rouge avec lui. Il ne veut pas courir le risque que quelqu'un d'autre que lui s'en serve.

« Veuillez m'excuser, mesdames et messieurs. On va dire que c'est l'entracte, merci de votre compréhension. »

Il traverse la salle et va ouvrir la porte.

Sur le palier, ventre bedonnant et poings sur les hanches, se dresse le Père Noël.

l'entracte : petit moment d'interruption entre les deux parties d'un spectacle

un ventre bedonnant : un gros ventre

une voix caverneuse : une voix grave et profonde

filer la pétoche : faire peur (langage familer)

« Bonjour, mon garçon, fait-il d'une voix caverneuse qui file la pétoche à Martin.

— Bon... bon... bon... jour... bégaye l'enfant.

— Il me semble que tu as entre les mains quelque chose qui m'appartient, je me trompe ? C'est bien mon manteau que tu tiens serré contre toi, non ?

— Si... si mais... je... »

Avant que Martin ait le temps de s'expliquer, le Père Noël lui arrache le vêtement des mains et l'enfile.

« Ah... je me sens mieux ! dit-il avant de faire demi-tour.

— Attendez ! s'écrie Martin en lui emboîtant le pas. J'ai... il me faut votre manteau... pour... pour... »

emboîter le pas : suivre

Le Père Noël se retourne et lui adresse un chaleureux sourire.

« Si tu as besoin de quoi que ce soit, écris-moi, et je verrai ce que je peux faire pour toi le jour de Noël. Et si tu veux que ton courrier arrive plus vite, jette-le directement dans l'Étang aux légendes,

c'est un raccourci pour se rendre chez moi. Mais attention : ne tente jamais d'y plonger toi-même, tu risquerais de t'y noyer. Allez, salut fiston. À la prochaine. »
En trois enjambées, le Père Noël atteint sa carriole. Quelques secondes plus tard, tracté par ses rennes, il disparaît dans le ciel.

un raccourci : un chemin plus court

tracter : tirer

Martin reste immobile un long moment, totalement ahuri par ce qu'il vient de voir.
« Alors, tu continues le spectacle ? » fait une petite voix dans son dos.
C'est Émilie, la plus jolie fille de sa classe. Elle est sur le palier. Les autres enfants sont tassés derrière elle et observent Martin.

ahuri : d'un air stupide

« J'espère qu'ils n'ont rien vu, pense-t-il. Je n'arriverai jamais à leur expliquer la vérité. »

« Tu ferais bien de te dépêcher, tes parents en ont peut-être marre d'être transformés en objets ! » lance Fabrice depuis le couloir.

en avoir marre : en avoir assez (langage familier)

Sa réflexion fait rire tout le monde, sauf Martin. Celui-ci vient de réaliser l'angoissante situation dans laquelle il se trouve : sans le manteau du Père Noël impossible de faire réapparaître Papa et Maman.

angoissant : inquiétant

Martin a besoin de réfléchir. Il doit absolument trouver une solution. Mais laquelle ? Écrire au Père Noël et lui expliquer en détail la situation ? Dans ce cas, combien de temps mettra le gros barbu à revenir ici ?

« Hé, Martin, tu bouges, oui ? » dit un enfant.

Le garçon se retourne vers ses amis :

« Heu... le spectacle est terminé. Désolé. Vous devez rentrer chez vous.

— Quoi ? s'insurge Fabrice. Mais t'as même pas fini ton tour ! T'as pas le droit d'arrêter maintenant !

s'insurger : protester

— T'es un mauvais magicien, dit Émilie. Si on avait payé, on demanderait à être remboursés ! Voilà !

— Ouais, exactement ! s'écrient les autres.

— Excusez-moi, mais... »

en file indienne : à la queue leu leu, l'un derrière l'autre

trôner : être bien en vue

Les enfants quittent la maison en file indienne, sans lui adresser le moindre regard au passage.
— Pardon... désolé... pardon... répète Martin qui sent les larmes inonder ses yeux.
Un peu plus tard, il se retrouve tout seul dans le salon, et ose à peine regarder en direction de la scène où trônent le bel ordinateur et l'immense bonbonne en verre débordant de montres. Son père et sa mère.

Chapitre 6

Durant au moins deux heures, Martin tourne en rond dans son salon en cherchant le moyen de retrouver ses parents. Un second coup de sonnette le sort de ses réflexions.

« Peux-tu appeler tes parents, mon petit bonhomme ? »

L'homme qui pose la question est celui qui est venu la veille à la maison. Mais cette fois-ci, il n'est pas seul : deux solides gaillards sont à ses côtés, habillés en bleus de travail.

un gaillard : un homme vigoureux

un huissier de justice : personne qui fait appliquer les décisions de justice

une dette : une somme d'argent qu'on doit à quelqu'un

« Non, ils ne sont pas là, répond l'cnfant d'une toute petite voix. Qu'est-ce que vous voulez ?
— Maître Pacoule, huissier de justice, se présente le monsieur. Je viens saisir vos affaires car tes parents ont des dettes qu'ils ne peuvent pas payer. Si tu veux bien nous laisser entrer...
— C'est que... Papa et Maman sont absents, alors je ne sais pas si je dois...
— Leur présence n'est pas nécessaire. »
L'huissier pousse délicatement Martin et les trois hommes entrent dans le salon.

miner : détruire peu à peu

C'était donc ça les ennuis qui minaient ses parents depuis des mois et qui ne le concernaient pas : ils avaient des problèmes d'argent et ne voulaient pas lui en parler. Voilà pourquoi ils avaient prévu de ne pas fêter Noël : ils n'avaient pas du tout la tête à s'amuser.

Pourtant, le Père Noël pourrait quand même passer à la maison déposer quelques cadeaux pour Martin, non ?

des ennuis financiers : des ennuis d'argent

Pourquoi les ennuis financiers de ses parents l'empêcheraient-ils de recevoir des jouets ? Martin se promet de poser la question au Père Noël, maintenant qu'il sait où lui écrire.

« Oh... mais on dirait que de nouveaux objets ont fait leur apparition dans cette maison. Étrange pour une famille sans le sou... » fait Maître Pacoule en montant sur la scène.

Il sort un carnet de sa poche et dit :

« Nous n'allons saisir que ces deux choses. Leur valeur devrait suffire à couvrir les dettes de tes parents.

— Non ! Vous ne pouvez pas les prendre ! s'exclame Martin, soudain pris de panique.

panique : peur incontrôlable

— Oh que si, je le peux ! Allez les gars, embarquez-moi ça ! ordonne-t-il aux hommes qui l'accompagnent.

— Je vous en prie ! Je vous en supplie ! pleurniche Martin. Prenez tout ce que vous voulez d'autre... »

pleurnicher : se plaindre

Maître Pacoule arrache une feuille de son carnet et la donne à l'enfant.

un reçu : un document qui prouve qu'on a reçu un objet ou de l'argent de quelqu'un

sangloter : pleurer à chaudes larmes

implorer : supplier

« Voilà le reçu pour tes parents. Au revoir jeune homme. »
Ils quittent la maison, emportant Papa et Maman qu'ils installent à l'arrière d'un camion. Puis le véhicule démarre et s'en va.
« Oh, mon Dieu, mon Dieu qu'est-ce que j'ai fait... qu'est-ce que j'ai fait... » sanglote Martin en regagnant le salon.
Le restant de la journée, jusqu'à la tombée de la nuit, Martin le passe debout devant l'Étang aux légendes, à implorer le Père Noël.
« S'il vous plaît, faites que mes parents redeviennent humains ! hurle-t-il en direction de l'eau. Je dirai à tout le monde, toute ma vie, que vous existez et que vous êtes très gentil ! Je vous écrirai toutes les semaines, des tas de poèmes, si vous voulez. Mais rendez-moi mes parents... »
Sur le chemin du retour, Martin réfléchit à tout ce qui s'est passé depuis la veille.
Soudain, il s'arrête de marcher car il vient d'un seul coup de comprendre quelque

chose. C'est bien le Père Noël qui fabrique les jouets mais il ne les offre pas aux enfants comme on le lui a toujours dit : il les vend aux parents ! Et ce sont eux qui les donnent aux enfants. Voilà pourquoi Papa et Maman avaient dit qu'on ne fêterait pas Noël cette année : ils n'avaient pas assez d'argent pour payer le Père Noël.

« Je ne veux pas de cadeaux, dit tout haut Martin en arrivant devant chez lui. Je veux juste retrouver mes parents. Rien ne pourra me faire autant plaisir... »

Au moment de pousser la porte d'entrée, Martin s'aperçoit qu'il y a de la lumière dans le salon. Il est certain de ne rien avoir laissé allumé avant de partir.

« Y a quelqu'un ? demande-t-il fébrilement en pénétrant dans la maison.

— Martin, c'est toi ? »

La voix de Maman ! C'est la voix de Maman ! Martin pousse un cri de joie et s'engouffre dans le salon. Ses parents

fébrilement : avec excitation

s'engouffrer : se précipiter

sont là, au milieu de la pièce. Ils sont revenus ! Le Père Noël l'a écouté et a exaucé son vœu ! Martin rit et pleure en même temps, tellement il est heureux.

exaucer : réaliser

« Que s'est-il passé ? demande Papa en prenant son enfant dans ses bras. Je me souviens qu'on est montés sur la scène, tu nous as recouverts avec un tissu, tout à coup il a fait noir et on ne pouvait plus bouger. Ensuite on s'est réveillés là, sans aucune trace de toi et de tes amis. Et dehors il fait nuit. Je ne comprends absolument rien. »

« Ils ont tout oublié ! pense Martin. Le Père Noël les a ramenés à la maison et a effacé cette aventure de leur mémoire. »

« Eh bien, vous vous êtes endormis, alors pour ne pas vous réveiller, j'ai demandé à tout le monde de sortir, voilà tout. »

Il met les mains dans ses poches et tombe sur le papier que lui a laissé Maître Pacoule.

« Au fait, des messieurs sont passés tout à l'heure, ils m'ont donné cette feuille pour vous. »

Papa prend le reçu, le lit, puis relève la tête.

« C'est incroyable, dit-il. D'après la lettre, l'huissier de justice est passé et a pris ce qu'il fallait pour annuler nos dettes. Pourtant, il ne manque rien dans la maison.

annuler : supprimer

— C'est peut-être sa façon à lui de vous offrir un cadeau pour Noël », suggère Martin.

suggérer : proposer une idée

Papa et Maman se regardent avec de grands yeux étonnés, puis ils se tombent dans les bras en poussant des cris de joie.

Michèle Cornec-Utudji

Un fabuleux chapeau

Illustré par
Léone Berchadsky

Chapitre 1

Le chapeau de Mimosa s'envole

Comme tous les jours, Mimosa arrose son chapeau-jardin japonais posé sur le rebord de la fenêtre. C'est tout un monde, ce chapeau ! On y trouve une plante grasse, une balançoire miniature, un miroir à main pour la pièce d'eau, des petits cailloux de toutes les couleurs, un fouillis de feuilles vertes... Que sais-je encore ?

une plante grasse : une plante à feuilles épaisses

Sa jeune voisine de palier lui crie de son balcon :

« J'aime beaucoup votre chapeau, Mimosa ! Où l'avez-vous trouvé ? »

Mimosa sourit. Marianne ressemble à une héroïne de bande dessinée avec son nez retroussé et sa petite couette rousse retenue par un ruban vert.

un nez retroussé : un nez dont le bout est un peu relevé

« Il me vient de ma grand-mère, explique Mimosa. Avant de mourir, la vieille Marguerite m'avait dit : " Arrose-le bien, il te donnera les idées claires ! »

À cet instant un sifflement strident se fait entendre à l'étage du dessus. Mimosa et Marianne lèvent la tête. Elles ne voient personne…

un sifflement strident : un sifflement aigu qui fait mal aux oreilles

Soudain, le visage espiègle de Roméo apparaît sur le balcon. Le garçon lance :

espiègle : coquin

« Je n'ai jamais vu de chapeau aussi bizarre ! Est-ce qu'il est magique ?

— Je ne crois pas, répond Mimosa. Pourtant, chaque fois que je le porte, je me sens beaucoup plus intelligente ! »

Déjà, la tête de Roméo a disparu.

« Cet enfant ressemble à un chiffonnier ! pense Mimosa. Depuis que son père cherche du travail et rentre à n'importe quelle heure, il n'y a plus personne pour s'occuper de lui ! »

ressembler à un chiffonnier : être sale et mal habillé

Mimosa fait un signe d'adieu à Marianne. Elle pose délicatement son chapeau sur sa tête et referme la fenêtre. Dans l'entrée, elle met son écharpe jaune d'or et enfile son manteau bleu canard. Puis, elle sort. Hélas ! à peine a-t-elle mis le nez dehors, qu'un violent coup de vent emporte le chapeau. Mimosa court pour le rattraper, mais il disparaît dans un nuage de poussière…

Hébétée, la vieille dame rentre chez elle et s'effondre dans son fauteuil.

hébété : sans pouvoir réfléchir

Chapitre 2

Roméo va à l'épicerie

Le lendemain, le père de Roméo envoie son fils acheter des nouilles.
Dans la boutique, une cliente, qui porte des boucles d'oreilles semblables à des clefs de boîte à sardines, annonce à l'épicière :

semblable : qui ressemble à

« Vous ne savez pas la nouvelle !
— Non, madame Rutabaga, répond l'épicière.
— Eh bien, Mimosa a perdu son chapeau !
— Oh ! s'exclame l'épicière, je comprends maintenant pourquoi elle n'est pas venue ce matin acheter son eau minérale,

celle qu'elle utilise pour l'arroser !
« Est-ce qu'une femme normale arrose son chapeau ? continue Mme Rutabaga en hochant la tête tandis que ses grosses boucles se balancent au bout de ses oreilles.

hocher la tête : secouer la tête de haut en bas

Roméo ne peut pas tenir sa langue plus longtemps.

tenir sa langue : se taire

« Son chapeau n'est pas un chapeau comme les autres, madame ! C'est un chapeau avec de vraies plantes et il faut l'arroser ! »
Face à ce garçon tout sale, Mme Rutabaga se demande si elle doit rire ou se fâcher.
« Après tout, remarque l'épicière, on ne

sait rien de ce chapeau ! L'avez-vous vu de près, madame Rutabaga ?
— Je n'ai pas besoin de le voir de près pour savoir qu'on n'arrose pas un chapeau ! »
Et Mme Rutabaga jette nerveusement une éponge métallique dans son sac. Puis, se penchant vers l'épicière, elle murmure :
« Si on laisse faire des folles comme elle, savez-vous ce qui arrivera ?
— Quoi donc ? s'inquiète l'épicière.
— Eh bien, tout le monde arrosera son chapeau !
— Sûrement pas moi, dit l'épicière rassurée. Je n'en porte jamais.

une éponge métallique : un grattoir pour nettoyer les casseroles

Ils me donnent des démangeaisons !
— Et les enfants ? Avez-vous pensé aux enfants ? Ils croiront que les chapeaux sont des jardins, que les jardins sont des chapeaux ! Quoi d'autre encore ? Cette Mimosa est folle à lier ! »
Roméo sort de la boutique très contrarié. Dans son trouble, il a acheté un paquet de coquillettes au lieu d'un paquet de nouilles !
Il grogne :
« Enfin, quoi ! Pourquoi Mimosa n'aurait-elle pas le droit de porter les chapeaux qui lui plaisent, et si cela lui chante de faire des gâteaux à la moutarde ou de prendre des bains de limonade ! »
Roméo est triste pour Mimosa…
Subitement, il décide d'acheter, avec l'argent de sa tirelire, un autre chapeau-jardin à la vieille dame.

folle à lier : complètement folle

grogner : parler avec colère

si cela lui chante : si elle en a envie (langage familier)

Chapitre 3

Une idée diabolique

une idée diabolique : une méchante ruse

épousseter : enlever la poussière

M. Robillard, le marchand de chapeaux, est un petit homme très élégant. Il porte ce jour-là un costume vert pomme et une cravate à pois. Il époussette sa vitrine quand Roméo entre dans la boutique.

« Bonjour, monsieur, dit poliment le garçon, je voudrais un chapeau-jardin japonais.

— Un quoi ? demande le marchand en fronçant les sourcils.

— Un chapeau-jardin japonais.

— Par les moustaches de Robillard, que je sois mangé tout cru si j'ai déjà vu ça quelque part ! Comment est ce chapeau ?

— C'est un chapeau extraordinaire, répond Roméo les yeux brillants. Plus qu'un chapeau et plus qu'un jardin. Imaginez un chapeau qui serait aussi un jardin japonais, ou un jardin japonais qui serait aussi un chapeau !

— Je vois, réfléchit M. Robillard en caressant sa moustache. D'après son nom, cet article doit être japonais. Mais moi, je n'en vends pas !

un article : une marchandise

— Vous pourriez faire une commande ! suggère Roméo.

— Hélas, non ! je ne peux pas ! Cette commande me coûterait trop cher pour un seul chapeau ! Il faudrait que je paie la location d'un camion pour transporter le chapeau, l'essence pour faire marcher le camion, et le livreur pour qu'il conduise

le camion du Japon jusqu'à Vasouville ! » Roméo sort de la boutique très déçu. Mais à peine est-il arrivé au bout de la rue, qu'un sourire flotte sur ses lèvres. Il a une idée…

un sourire flotte sur ses lèvres : un sourire se dessine sur ses lèvres

Il va trouver Marianne qui joue à la balle près du bac à sable. Ce jour-là, un chouchou blanc s'épanouit comme une grosse fleur sur la tête de la petite fille. Roméo lui annonce :

un chouchou : un élastique qui sert à attacher les cheveux

« Mimosa a perdu son chapeau. »

À ces mots, Marianne lâche sa balle et fronce les sourcils.

« Et le marchand ne vend pas ce genre de chapeau ! ajoute Roméo.

— Cela ne m'étonne pas ! C'est un chapeau exceptionnel ! remarque Marianne. Je ne connais personne qui en ait un comme celui-là !

— Il en vendrait pourtant, poursuit Roméo, si beaucoup de filles venaient lui en demander.

— Malheureusement, je suis la seule à le trouver formidable ! »

Roméo prend un air mystérieux.

« Il n'est pas question d'en acheter, affirme-t-il. Il suffirait de faire croire à M. Robillard que beaucoup de femmes veulent en acheter. Alors, il ferait une commande de chapeaux-jardin japonais, et…

— Et Mimosa pourrait en avoir un et moi aussi ! » interrompt Marianne.

Un sourire illumine le visage de la fillette. Des fossettes creusent ses belles joues roses.

« Tu as tout compris », acquiesce le garçon.

Et pour plaisanter, il donne un petit coup sec sur la queue de cheval de son amie. Marianne se retourne vivement et lui tire la langue. Puis soudain, elle lance un regard entendu à Roméo et promet :

« Je vais en parler à mes amies. »

illuminer : donner un vif éclat

une fossette : un petit creux qui se forme sur les joues lorsqu'on sourit

un regard entendu : le regard de quelqu'un qui a parfaitement compris ce qu'on lui a dit

Chapitre 4

La commande de chapeaux-jardin japonais

M. Robillard peigne sa moustache quand Marianne entre dans la boutique.

« Bonjour, monsieur Robillard. Je voudrais un chapeau-jardin japonais. »

À ces mots, le marchand manque d'avaler son peigne de corne et répond d'une voix troublée :

un peigne de corne : un peigne fabriqué en corne d'animal

« Je vois bien ce que tu veux, mais je n'en ai pas !

— Comme c'est dommage ! » déplore Marianne.

déplorer : regretter

Un peu plus tard, trois jeunes filles, que

M. Robillard n'a jamais vues, lui demandent aussi des chapeaux-jardin japonais.
« Par les moustaches de Robillard, lance le marchand en ouvrant de grands yeux, que je sois mangé tout cru si j'en crois mes oreilles ! »

Et il leur dit qu'il n'en a pas. Enfin toute la journée, et pendant trois jours, il ne se passe pas dix minutes sans qu'une jeune fille entre et réclame un chapeau-jardin japonais.
« Par les moustaches de tous les Robillard de la Terre, s'écrie le marchand à la fin

que je sois haché menu : que je sois coupé en petits morceaux

un ballet : un spectacle de danse

laborieux : qui demande beaucoup de travail

héler : appeler

du troisième jour, que je sois haché menu si ces chapeaux ne me tournent pas la tête ! »
Toute la nuit, M. Robillard rêve de chapeaux-jardin japonais. Il les voit voler comme des oiseaux au-dessus des montagnes, des déserts et des mers. Il les voit faire des ballets en plein ciel, descendre doucement sur Vasouville, s'empiler dans son arrière-cour et former une tour plus haute que la Tour Eiffel. Enfin, il en voit quelques-uns se poser délicatement dans sa vitrine…
Au réveil, M. Robillard décide de faire une commande. Après une recherche laborieuse, il trouve enfin l'adresse d'une fabrique de chapeaux à Tokyo…
Dans l'après-midi, il colle une affiche sur la porte de son magasin sur laquelle on peut lire : « Vente prochaine de chapeaux-jardin japonais. »
Au même instant, il aperçoit Roméo qui passe sur le trottoir. Il le hèle et lui crie d'un air joyeux :
« Tu pourras bientôt avoir ton chapeau !

Je viens de faire une commande ! Roméo rit sous cape. Pourtant, il ne se sent pas très à son aise.

sous cape : en cachette

« Bientôt, continue le marchand en se frottant les mains, j'aurai mille chapeaux. Je les vendrai comme des petits pains ! Je deviendrai riche ! »
Maintenant, Roméo se sent honteux. M. Robillard va se ruiner à cause de lui ! Il voudrait bien empêcher ce désastre, mais déjà M. Robillard déclare :

un désastre : une catastrophe

« Le camion est parti de Tokyo ce matin, il ne devrait pas tarder ! »
Roméo pâlit. Il n'a plus le courage d'avouer sa ruse au marchand.

Chapeaux
Robillard
Maison
à
vendre

Chapitre 5

L'arrivée des chapeaux

Un matin, un gros camion s'arrête devant la boutique. Toute la journée un livreur en blouse bleue décharge des chapeaux-jardin japonais.

être très excité : ne pas tenir en place parce qu'on est joyeux

vigoureusement : avec énergie

Quand Roméo entre dans la boutique, M. Robillard est très excité.

« Tu es mon porte-bonheur, lui dit-il, en lui serrant vigoureusement la main. Choisis-en un, je te fais un prix ! »

Roméo rougit et remercie M. Robillard. Il choisit le chapeau qui ressemble le plus à celui de Mimosa. M. Robillard

l'enveloppe dans un joli papier à fleurs. Roméo devrait être content, mais il ne l'est pas : le remords le tourmente. Il est si tracassé par sa mauvaise action que, sortant de la boutique, il traverse la rue sans faire attention…

le remords le tourmente : il a mauvaise conscience parce qu'il a mal agi

Et patatras ! il est renversé par une bicyclette.

Il se relève sans trop de mal. Pourtant, dans son papier à fleurs, le chapeau est tout écrasé ! Roméo est au bord des larmes. Il n'a pas assez d'argent pour en acheter un autre.

avoir le cœur gros : avoir beaucoup de chagrin

se terrer : se cacher

bourrer d'épingles : mettre de nombreuses épingles

bombarder : vaporiser en grande quantité

Il rentre chez lui le cœur gros et va se terrer dans son lit.

Quand Marianne apprend par une voisine que les chapeaux-jardin japonais sont arrivés, elle se précipite dans sa chambre. Là, elle se coiffe d'un petit chignon serré qu'elle bourre d'épingles et bombarde de laque. Puis, elle se rend à la boutique du chapelier.

Marianne choisit un chapeau et M. Robillard se fait un plaisir de le lui poser sur la tête. C'est un magnifique chapeau-jardin japonais au milieu duquel se dresse une fleur rouge cerise.

Comme elle est jolie, Marianne, ainsi

coiffée ! Le rouge de la fleur lui donne un teint de reine et les petits cailloux multicolores brillent comme des pierres précieuses sur sa tête. Dans la rue, les gens s'arrêtent pour la contempler.
« Ton chapeau est épatant, splendide, merveilleux, prodigieux, sensationnel ! lui disent tour à tour Léa, Pamela, Justine, Natacha et Bergamote. Puis, les fillettes se précipitent l'une après l'autre chez M. Robillard pour acheter, elles aussi, un chapeau-jardin japonais.
Ensuite vient le tour des dames…
Le tiroir-caisse de M. Robillard devient trop petit. Le marchand le remplace par une vieille lessiveuse en attendant de trouver mieux. Et il doit faire une autre commande.

le teint : la couleur du visage

multicolore : de toutes les couleurs

contempler : regarder avec admiration

prodigieux : extraordinaire

un tiroir-caisse : tiroir de la caisse enregistreuse contenant l'argent du magasin

Chapitre 6

Mimosa retrouve son chapeau

Mimosa ne sort plus de chez elle. Depuis des jours, elle se nourrit de thé et de biscuits. Le nez collé à la fenêtre de sa chambre, elle regarde les passants marcher dans la rue. Ce matin-là, elle sursaute : sur le trottoir, elle vient de voir une femme qui porte un chapeau-jardin japonais !

sursauter : tressaillir

« Sapristi ! qu'est-ce que cela veut dire ? Ou bien je commence à perdre la tête, ou

bien le monde s'est mis à tourner à l'envers ! »

Elle dégringole l'escalier. Sur le trottoir, elle aperçoit la femme coiffée du chapeau-jardin japonais qui entre dans l'épicerie. Mimosa se lance sur ses talons.

« Bonjour, madame Rutabaga, dit l'épicière à la nouvelle venue. Je vois que vous aussi vous portez un chapeau-jardin japonais !

dégringoler : descendre à toute vitesse

— Que voulez-vous, répond Mme Rutabaga, il faut vivre avec son temps ! Porteriez-vous aujourd'hui un de ces chapeaux à plumes ridicules comme en portaient nos grand-mères ?

— Sûrement pas ! s'exclame l'épicière. Comme je vous l'ai dit, les chapeaux me donnent des démangeaisons. »

donner des démangeaisons : donner envie de se gratter

troublé : étonné, surpris

Mimosa est troublée. Le chapeau de Mme Rutabaga ressemble tellement au sien ! Elle touche le bras de la dame et lui demande poliment :

« Où avez-vous trouvé ce chapeau, madame ? »

Mme Rutabaga ouvre de grands yeux en voyant Mimosa. Elle répond d'une voix pleine d'autorité :

« Chez Robillard, bien sûr !

— Il ressemble tellement à mon chapeau…

— Tous ces chapeaux se ressemblent ! affirme sèchement Mme Rutabaga.

sèchement : brutalement

— Vous permettez que je le regarde ?

— Regardez-le tant que vous voudrez, ma chère, mais je vous défends d'y toucher ! »

Mimosa se moque de ce que dit Mme Rutabaga. Elle soulève le chapeau de sa tête et regarde à l'intérieur…

Elle reconnaît l'étiquette violette sur laquelle est écrit : « Marguerite Jujube ».

« Je vous ai dit de ne pas y toucher ! hurle Mme Rutabaga.

— Ce chapeau est celui de ma grand-mère, dit posément Mimosa, je le garde ! »

Mme Rutabaga devient rouge comme une pivoine. Elle bredouille :

bredouiller : parler en cherchant ses mots

« Je… je l'ai trouvé dans le parc. J'ai cru qu'il n'était à personne… »

Et elle s'en va en oubliant sa monnaie sur le comptoir.

« Je voudrais un litre d'eau minérale pour mon chapeau, dit Mimosa.

L'épicière lui lance un regard complice et lui apporte une bouteille d'eau. Ensuite, elle lui raconte les derniers potins du quartier.

un regard complice : un regard qui montre une entente secrète

un potin : une nouvelle

Chapitre 7

Chez Roméo

En sortant de la boutique, Mimosa met son chapeau. Aussitôt, un sentiment de bien-être l'envahit. Ses idées deviennent claires…

envahir : remplir

Elle devine que quelque chose ne va pas pour Roméo.

« Nom d'une pipe ! Il faut que je voie ce garçon ! »

Roméo reste bouche bée en découvrant Mimosa à sa porte, coiffée d'un chapeau-jardin japonais.

rester bouche bée : être très étonné, abasourdi

ahuri : d'un air stupide

pouffer de rire : éclater de rire

hilare : avec une grande joie

ébloui : impressionné

« Où l'avez-vous trouvé ? questionne-t-il, ahuri, en le montrant du doigt.
— Sur la tête de Mme Rutabaga. »
Roméo pouffe de rire.
« C'est incroyable, incroyable ! » répète-t-il, hilare.
Mimosa a bien du mal à le calmer. Elle lui annonce :
« Je suis venue pour te remercier !
— Mais de quoi ? s'écrie Roméo, surpris.
— Écoute-moi, nigaud ! Mme Rutabaga a trouvé mon chapeau. Elle s'est mise à le porter, parce que toutes les femmes de Vasouville se sont mises à porter des chapeaux-jardin japonais. Et si toutes les femmes ont pu porter ces chapeaux, c'est parce que le marchand avait fait une commande, grâce à toi !
— Comment savez-vous tout cela ? demande Roméo, ébloui par tant de finesse.
— J'ai fait ma petite enquête ! » dit Mimosa.
Elle fait un clin d'œil à son jeune ami et ajoute :

« Mon chapeau n'est pas un chapeau ordinaire. Il m'aide à tout comprendre ! » Perplexe, Roméo se demande s'il doit croire aux chapeaux magiques.

être perplexe : ne pas savoir quoi penser

Chapitre 8

Les rubans

M. Robillard est aujourd'hui un homme riche. Il y a toujours la queue dans son magasin.

Mais il ne sait pas où donner de la tête. Aussi propose-t-il à M. Dubosse, le père de Roméo, de venir travailler avec lui à la boutique. M. Dubosse accepte avec plaisir : il garde un bon souvenir de son vieux camarade de classe, Gérard Robillard, qui savait déjà si bien faire les nœuds de cravate dès l'école maternelle.

ne pas savoir où donner de la tête : avoir beaucoup de choses à faire

satin : tissu brillant

Mimosa a décidé que son chapeau ne s'envolerait plus. Elle a cousu à l'intérieur et de chaque côté deux rubans de satin bleu qu'elle noue sous le menton. Bientôt toutes les jeunes filles et toutes les femmes de Vasouville ont suivi son exemple. Et déjà celles de Saint-Eustache et de Sainte-Épinette-sur-Veigre en font autant.

Charles Perrault

Cendrillon

Illustré par
Evelyne Faivre

Gravures de Gustave Doré

Il était une fois un gentilhomme qui épousa en secondes noces une femme, la plus hautaine et la plus fière qu'on eût jamais vue. Elle avait deux filles de son humeur, et qui lui ressemblaient en toutes choses. Le mari avait de son côté une jeune fille, mais d'une douceur et d'une bonté sans exemple ; elle tenait cela de sa mère, qui était la meilleure personne du monde. Les noces ne furent pas plus tôt faites, que la belle-mère fit éclater sa mauvaise humeur ; elle ne put souffrir les

un gentilhomme : un homme noble au service du roi

hautain : méprisant, arrogant

les noces : la cérémonie du mariage

l'humeur : le caractère

souffrir : supporter

haïssable : détestable

les plus viles occupations : les occupations d'une servante

les montées : les marches d'un escalier

méchant : qui ne vaut rien

parqueté : recouvert d'un parquet

gouverner : diriger, commander

malhonnête : impoli

bonnes qualités de cette jeune enfant, qui rendaient ses filles encore plus haïssables. Elle la chargea des plus viles occupations de la maison : c'était elle qui nettoyait la vaisselle et les montées, qui frottait la chambre de madame, et celles de mesdemoiselles ses filles. Elle couchait tout au haut de la maison, dans un grenier, sur une méchante paillasse, pendant que ses sœurs étaient dans des chambres parquetées, où elles avaient des lits des plus à la mode, et des miroirs où elles se voyaient depuis les pieds jusqu'à la tête.

La pauvre fille souffrait tout avec patience, et n'osait s'en plaindre à son père qui l'aurait grondée, parce que sa femme le gouvernait entièrement. Lorsqu'elle avait fait son ouvrage, elle s'allait mettre au coin de la cheminée, et s'asseoir dans les cendres, ce qui faisait qu'on l'appelait communément dans le logis Cucendron. La cadette, qui n'était pas si malhonnête que son aînée, l'appelait Cendrillon ; cependant

Cendrillon avec ses méchants habits, ne laissait pas d'être cent fois plus belle que ses sœurs quoique vêtues très magnifiquement.

Il arriva que le fils du roi donna un bal et qu'il en pria toutes les personnes de qualité : nos deux demoiselles en furent aussi priées, car elles faisaient grande figure dans le pays.

ne laissait pas d'être : était pourtant

une personne de qualité : une personne noble

prier : inviter

faire grande figure : être très important

être bien aise : être très content

seoir : aller, convenir (ancien verbe)

godronner : faire des plis (ancien verbe)

la garniture d'Angleterre : de la dentelle anglaise

une barrière : une barrette

quérir : chercher (ancien verbe)

cornette : ancienne coiffure

une mouche : un petit morceau de tissu imitant un grain de beauté que les femmes collaient sur leur visage, à l'époque de Perrault, pour en faire ressortir la blancheur

Les voilà bien aises et bien occupées à choisir les habits et les coiffures qui leur siéraient le mieux ; nouvelle peine pour Cendrillon, car c'était elle qui repassait le linge de ses sœurs et qui godronnait leurs manchettes : on ne parlait que de la manière dont on s'habillerait.

« Moi, dit l'aînée, je mettrai mon habit de velours rouge et ma garniture d'Angleterre.

— Moi, dit la cadette, je n'aurai que ma jupe ordinaire ; mais en récompense, je mettrai mon manteau à fleurs d'or, et ma barrière de diamants, qui n'est pas des plus indifférentes. »

On envoya quérir la bonne coiffeuse, pour dresser les cornettes à deux rangs, et on fit acheter des mouches de la bonne faiseuse : elles appelèrent Cendrillon pour lui demander son avis, car elle avait le goût bon. Cendrillon les conseilla le mieux du monde, et s'offrit même à les coiffer ; ce qu'elles voulurent bien. En les coiffant, elles lui disaient :

« Cendrillon, serais-tu bien aise d'aller au bal ?

— Hélas ! mesdemoiselles, vous vous moquez de moi, ce n'est pas là ce qu'il me faut.
— Tu as raison, on rirait bien si on voyait un Cucendron aller au bal. »
Une autre que Cendrillon les aurait coiffées de travers ; mais elle était bonne et les coiffa parfaitement bien.
Elles furent près de deux jours sans manger, tant elles étaient transportées de joie. On rompit plus de douze lacets à force de les serrer pour leur rendre la taille plus menue, et elle étaient toujours devant leur miroir.
Enfin l'heureux jour arriva, on partit, et Cendrillon les suivit des yeux le plus longtemps qu'elle put ; lorsqu'elle ne les vit plus, elle se mit à pleurer.

transporter : éprouver un vif sentiment

un lacet : un cordon qui sert à serrer un vêtement

menue : fine

en pleurs : en larmes

achever : terminer

une souricière : un piège à souris

Sa marraine qui la vit tout en pleurs, lui demanda ce qu'elle avait :

« Je voudrais bien... je voudrais bien... »

Elle pleurait si fort qu'elle ne put achever.

Sa marraine, qui était fée, lui dit :

« Tu voudrais bien aller au bal, n'est-ce pas ?

— Hélas ! oui, dit Cendrillon en soupirant.

— Eh bien, seras-tu bonne fille ? dit sa marraine, je t'y ferai aller. »

Elle la mena dans sa chambre, et lui dit :

« Va dans le jardin et apporte-moi une citrouille. »

Cendrillon alla aussitôt cueillir la plus belle qu'elle put trouver, et la porta à sa marraine, ne pouvant deviner comment cette citrouille la pourrait faire aller au bal. Sa marraine la creusa, et, n'ayant laissé que l'écorce, la frappa de sa baguette, et la citrouille fut aussitôt changée en un beau carrosse tout doré.

Ensuite elle alla regarder dans sa souricière, où elle trouva six souris toutes en vie ; elle dit à Cendrillon de lever un

une trappe : un panneau qui bouche l'ouverture d'un piège

un attelage : l'ensemble des animaux qui tirent un véhicule

pommelé : tacheté

être en peine : être dans l'embarras

une ratière : un piège à rat

maîtresse : grosse, énorme

un cocher : un conducteur de voiture tirée par des chevaux

un laquais : un domestique, un valet

peu la trappe de la souricière, et à chaque souris qui sortait, elle lui donnait un coup de sa baguette, et la souris était aussitôt changée en un beau cheval ; ce qui fit un bel attelage de six chevaux, d'un beau gris de souris pommelé.

Comme elle était en peine de quoi elle ferait un cocher :

« Je vais voir, dit Cendrillon, s'il n'y a point quelque rat dans la ratière, nous en ferons un cocher.

— Tu as raison, dit sa marraine, va voir. »

Cendrillon lui apporta la ratière, où il y avait trois gros rats. La fée en prit un d'entre les trois, à cause de sa maîtresse barbe, et l'ayant touché, il fut changé en un gros cocher, qui avait une des plus belles moustaches qu'on ait jamais vues.

Ensuite elle lui dit :

« Va dans le jardin, tu y trouveras six lézards derrière l'arrosoir, apporte-les-moi. »

Elle ne les eut pas plus tôt apportés que la marraine les changea en six laquais qui montèrent aussitôt derrière le carrosse

avec leurs habits chamarrés, et qui s'y tenaient attachés, comme s'ils n'eussent fait autre chose toute leur vie. La fée dit alors à Cendrillon :
« Eh bien, voilà de quoi aller au bal, n'es-tu pas bien aise ?
— Oui, mais est-ce que j'irai comme cela avec mes vilains habits ? »
Sa marraine ne fit que la toucher avec sa baguette, et en même temps ses habits furent changés en des habits de drap d'or et d'argent tout chamarrés de pierreries ; elle lui donna ensuite une paire de pantoufles de verre, les plus jolies du monde. Quand elle fut ainsi parée, elle monta en carrosse ; mais sa marraine lui recommanda sur toutes choses de ne pas passer minuit, l'avertissant que, si elle demeurait au bal un moment davantage, son carrosse redeviendrait citrouille, ses chevaux des souris, ses laquais des lézards, et que ses vieux habits reprendraient leur première forme. Elle promit à sa marraine qu'elle ne manquerait pas de sortir du bal avant minuit.

chamarré : orné de couleurs vives

vilain : sale et abîmé

paré : habillé avec élégance

sur toutes choses : surtout

ne pas manquer : faire à coup sûr

ne pas se sentir : ne pas pouvoir se retenir

la compagnie : les invités

cesser : arrêter

contempler : regarder avec admiration

un bruit confus : un brouhaha, un bruit indistinct

ne laisser pas de : ne pas arrêter de

aimable : qui plaît

considérer : examiner avec soin

Elle part, ne se sentant pas de joie. Le fils du roi, qu'on alla avertir qu'il venait d'arriver une grande princesse qu'on ne connaissait point, courut la recevoir ; il lui donna la main à la descente du carrosse, et la mena dans la salle où était la compagnie. Il se fit alors un grand silence ; on cessa de danser, et les violons ne jouèrent plus, tant on était attentif à contempler les grandes beautés de cette inconnue. On n'entendait qu'un bruit confus :

« Ah ! qu'elle est belle ! »

Le roi même, tout vieux qu'il était, ne laissait pas de la regarder, et de dire tout bas à la reine qu'il y avait longtemps qu'il n'avait vu une si belle et si aimable personne. Toutes les dames étaient attentives à considérer sa coiffure et ses habits, pour en avoir dès le lendemain de semblables pourvu qu'il se trouvât des étoffes assez belles, et des ouvriers assez habiles.

Le fils du roi la mit à la place la plus honorable, et ensuite la prit pour la mener

danser : elle dansa avec tant de grâce qu'on l'admira encore davantage. On apporta une fort belle collation, dont le jeune prince ne mangea point, tant il était occupé à la considérer. Elle alla s'asseoir auprès de ses sœurs, et leur fit mille honnêtetés : elle leur fit part des oranges et des citrons que le prince lui avait donnés, ce qui les étonna fort, car elles ne la connaissaient point.
Lorsqu'elles causaient ainsi, Cendrillon entendit sonner onze heures trois quarts : elle fit aussitôt une grande révérence à la compagnie, et s'en alla le plus vite qu'elle put.

une collation : un petit repas

des honnêtetés : des compliments

faire part : partager

des oranges et des citrons : à l'époque de Perrault, les oranges et les citrons étaient des produits de luxe

une révérence : un salut qu'on exécute en s'inclinant et en pliant les genoux

Dès qu'elle fut arrivée, elle alla trouver sa marraine, et après l'avoir remerciée, elle lui dit qu'elle souhaiterait bien aller encore le lendemain au bal, parce que le fils du roi l'en avait priée.

Comme elle était occupée à raconter à sa marraine tout ce qui s'était passé au bal, les deux sœurs heurtèrent à la porte ; Cendrillon leur alla ouvrir.

heurter : cogner

« Que vous êtes longtemps à revenir ! » leur dit-elle en bâillant, en se frottant les yeux, et en s'étendant comme si elle n'eût fait que de se réveiller ; elle n'avait cependant pas eu envie de dormir depuis qu'elles s'étaient quittées.
« Si tu étais venue au bal, lui dit une de ses sœurs, tu ne t'y serais pas ennuyée : il y est venu la plus belle princesse, la plus belle qu'on puisse jamais voir ; elle nous a fait mille civilités, elle nous a donné des oranges et des citrons. »

des civilités : des compliments

Cendrillon ne se sentait pas de joie : elle leur demanda le nom de cette princesse ; mais elles lui répondirent qu'on ne la

connaissait pas, que le fils du roi en était fort en peine, et qu'il donnerait toutes choses au monde pour savoir qui elle était. Cendrillon sourit et leur dit :
« Elle était donc bien belle ? Mon Dieu, que vous êtes heureuses, ne pourrais-je point la voir ? Hélas ! mademoiselle Javotte, prêtez-moi votre habit jaune que vous mettez tous les jours.

en être fort en peine : avoir du chagrin

— Vraiment, dit mademoiselle Javotte, je suis de cet avis ! Prêtez votre habit à un vilain Cucendron comme cela, il faudrait que je fusse bien folle. »
Cendrillon s'attendait bien à ce refus et elle en fut bien aise, car elle aurait été grandement embarrassée si sa sœur eût bien voulu lui prêter son habit.

embarrassé : gêné

Le lendemain les deux sœurs furent au bal, et Cendrillon aussi, mais encore plus parée que la première fois. Le fils du roi fut toujours auprès d'elle, et ne cessa de lui conter des douceurs ; la jeune demoiselle ne s'ennuyait point, et oublia ce que sa marraine lui avait recommandé ; de sorte qu'elle entendit sonner le premier coup de minuit, lorsqu'elle ne croyait pas qu'il fût encore onze heures : elle se leva et s'enfuit aussi légèrement qu'aurait fait une biche.
Le prince la suivit, mais il ne put l'attraper ; elle laissa tomber une de ses pantoufles de verre, que le prince ramassa bien soigneusement.

conter : dire, raconter

des douceurs : des choses gentilles

de sorte que : si bien que

Cendrillon arriva chez elle bien essoufflée, sans carrosse, sans laquais, et avec ses méchants habits, rien ne lui étant resté de toute sa magnificence qu'une de ses petites pantoufles, la pareille de celle qu'elle avait laissée tomber. On demanda aux gardes de la porte du palais s'ils n'avaient point vu sortir une princesse ; ils dirent qu'ils n'avaient vu sortir personne, qu'une jeune fille fort mal vêtue, et qui avait plus l'air d'une paysanne que d'une demoiselle.

Quand ses deux sœurs revinrent du bal, Cendrillon leur demanda si elles s'étaient encore bien diverties, et si la belle dame y avait été. Elles lui dirent que oui, mais qu'elle s'était enfuie lorsque minuit avait sonné, et si promptement qu'elle avait laissé tomber une de ses petite pantoufles de verre, la plus jolie du monde ; que le fils du roi l'avait ramassée, et qu'il n'avait fait que la regarder pendant tout le reste du bal, et qu'assurément il était fort amoureux de la belle personne à qui appartenait la petite pantoufle.

sa magnificence : ses splendides vêtements

la pareille de : la même que

vêtu : habillé

se divertir : s'amuser

promptement : très vite

assurément : de façon certaine

faire publier : faire savoir

à son de trompe : en prévenant la population avec le son d'une trompe

bien juste : être exactement à la même taille que

ne pas en venir à bout : ne pas y arriver

si elle ne me serait pas bonne : si elle ne m'irait pas

être juste comme de cire : s'adapter parfaitement

Elles dirent vrai, car peu de jours après le fils du roi fit publier à son de trompe qu'il épouserait celle dont le pied serait bien juste à la pantoufle. On commença à l'essayer aux princesses, ensuite aux duchesses, et à toute la cour, mais inutilement. On la porta chez les deux sœurs, qui firent tout leur possible pour faire entrer leur pied dans la pantoufle, mais elles ne purent en venir à bout. Cendrillon qui les regardait, et qui reconnut sa pantoufle, dit en riant :

« Que je voie si elle ne me serait pas bonne ! »

Ses sœurs se mirent à rire et à se moquer d'elle.

Le gentilhomme qui faisait l'essai de la pantoufle, ayant regardé attentivement Cendrillon, et la trouvant fort belle, dit que cela était juste, et qu'il avait l'ordre de l'essayer à toutes les filles. Il fit asseoir Cendrillon, et approchant la pantoufle de son petit pied, il vit qu'elle y entrait sans peine, et qu'elle y était juste comme de cire.

G. Doré
H. BREVIÈRE. Sc

L'étonnement des deux sœurs fut grand, mais plus grand encore quand Cendrillon tira de sa poche l'autre petite pantoufle qu'elle mit à son pied. Là-dessus arriva la marraine qui, ayant donné un coup de sa baguette sur les habits de Cendrillon, les fit devenir encore plus magnifiques que tous les autres.

là-dessus : à ce moment

Alors ses deux sœurs la reconnurent pour la belle personne qu'elles avaient vue au bal. Elles se jetèrent à ses pieds pour lui demander pardon de tous les mauvais traitements qu'elles lui avaient fait souffrir. Cendrillon les releva, et leur dit, en les embrassant, qu'elle leur pardonnait de bon cœur, et qu'elle les priait de l'aimer bien toujours.

reconnaître pour : identifier comme

souffrir : subir

prier : demander avec insistance

On la mena chez le jeune prince, parée comme elle était : il la trouva encore plus belle que jamais, et peu de jours après il l'épousa. Cendrillon, qui était aussi bonne que belle, fit loger ses deux sœurs au palais, et les maria dès le jour même à deux grands seigneurs de la cour.

Table

Si tu as aimé Comment le chameau acquit sa bosse, tu aimeras aussi :

Le poil dans la main, Corinne Fleurot, Jérôme Brasseur, Lampe de poche n° 25, Grasset Jeunesse.

C'est dimanche soir. Romain n'a ni rangé sa chambre ni fait ses devoirs. « De quoi avoir un poil dans la main » prévient son père. Cela ne manque pas d'arriver : voici Romain avec un poil ; non, une ficelle ; non, une corde, au milieu de la paume ! Une aventure drôle et fantaisiste pour les petits paresseux !

… et aussi :

Les Fables, Ésope, Mango Jeunesse.

Si tu as aimé Le manteau du Père Noël, tu aimeras aussi :

Le renard et sa queue, suivi de *Le Gel au nez rouge*, Pierre Gripari, Boiry, Lampe de poche n° 45, Grassset Jeunesse.

Quel drôle de bonhomme de neige ! Si vous lui parlez gentiment, il se croit insulté. Mais si vous le chassez, il se croit flatté. Alors que va-t-il faire de cette jolie jeune fille perdue en forêt par sa marâtre ? Gare aux cadeaux empoisonnés !

... et aussi :

La petite marchande d'allumettes, Hans-Christian Andersen, Nathan Jeunesse.

Si tu as aimé Un fabuleux chapeau, tu aimeras aussi :

Les lézards de César, Olivier de Vleeschouwer, Nadine Van der Straeten, Lampe de poche n° 53, Grasset Jeunesse.

Thomas est très intrigué par César, le nouveau de la classe : non seulement ce dernier sait répondre à toutes les questions de Mademoiselle Finetresse, la maîtresse, mais surtout, il est toujours habillé en vert des pieds à la tête ! Thomas sera encore plus surpris lorsqu'il fera la connaissance des amis de César...

... et aussi :

Le chapeau volant, Tomi Ungerer, l'École des loisirs.

Si tu as aimé Cendrillon, tu aimeras aussi :

La sorcière et le commissaire et autres contes, Pierre Gripari, Claude Lapointe, Lampe de poche n° 5, Grasset Jeunesse.

Une sorcière qui transforme un taxi en citrouille et son chauffeur en rat trouble l'ordre public. Le commissaire se charge de le rétablir... Mais il oublie les nombreux défenseurs de la sorcière, M. Pierre en tête.

... et aussi (bien sûr) :

Cendrillon, Jacob et Wilhelm Grimm, in *Blanche-Neige et autres contes*, Librio, n° 248.

Édition : Thierry Amouzou
Iconographie : Anne Pekny
Gravures de Gustave Doré (1832-1883),
© Photothèque Hachette, colorisées par Michaël Funck
Fabrication : Isabelle Simon-Bourg
Illustrations : Marianne Maury-Kaufmann,
Annie-Claude Martin, Léone Berchadsky, Évelyne Faivre
Création de la couverture : Laurent Carré, Alain Boyer
Réalisation de la couverture : Créapass
Maquette intérieure : Laurent Carré, Michaël Funck
Réalisation : Michaël Funck
Relecture : Chantal Maury
Photogravure : Nord Compo

Achevé d'imprimer en France par I.M.E.
25110 Baume-les-Dames
Dépôt légal : 40974-11/2003 - Collection n° 73 - Édition n° 03
11/6445/8